AF336299

4e LETTRE

SUR

L'URGENCE ET LES MOYENS DE RÉFORMER

LA NAVIGATION ARTIFICIELLE

ADRESSÉE

A Messieurs les Membres de l'Assemblée Nationale,

AU SUJET DU PROJET DE LOI

RELATIF

AU RACHAT DES ACTIONS DE JOUISSANCE DES CANAUX.

MESSIEURS,

M. le Ministre des finances vient de soumettre à votre examen un projet de loi portant rachat par le Trésor des actions dites de jouissance des Quatre-Canaux et du canal du Rhône au Rhin.

C'est une pensée qui, pour être tardive, est bien louable que de vouloir enfin entamer sérieusement la grande œuvre de la réforme de la navigation artificielle en France !

Il y a douze ans que le gouvernement avait déjà reconnu et constaté, par la nomination en 1838 d'une commission d'enquête, qu'il y avait quelque chose à faire, et dès lors les rapports, les propositions et les projets se sont succédé chaque année, sans aboutir à aucune solution (1).

____

(1) En 1838, le ministre Molé institua au département des finances une grande commission pour l'examen de la question de savoir quelles étaient les mesures les plus propres à donner aux voies navigables, naturelles et artificielles, dont les canaux de 1821 et 1822 allaient compléter le réseau, tout le développement dont elles étaient susceptibles. Cette commission, qui n'était elle-même que la continuation d'une autre commission instituée dix ans

On ne réparera pas sans doute le mal produit par un ajournement
de douze années; on ne réparera pas les pertes réalisées, les ruiues
amoncelées ; mais on sauvera, on peut et on doit sauver l'avenir, et
ouvrir pour le pays une source trop longtemps tarie de prospérité.

Le *statu quo* étant condamné, racheter les actions de jouissance,
c'est-à-dire recouvrer, moyennant une juste et préalable indemnité, sur

---

auparavant par le ministère Martignac, se livra à de longs et persévérants travaux qui ont été
livrés à la publicité.

En 1839, le ministère du 8 mai avait élaboré un projet de loi d'achèvement des canaux,
quand MM. Dufaure et Passy, auteurs dudit projet, se retirèrent pour faire place au ministère du 1er mars.

En 1840, celui-ci s'occupa très-sérieusement de la question, et M. le comte Jaubert, ministre des travaux publics, dans des conférences nombreuses avec des représentants de
toutes les sociétés engagées dans des canaux, parvint à conclure avec chacune d'elles des
traités qui résolvaient toutes les difficultés pendantes, et établissaient un régime complet et
uniforme de tarification et d'exploitation. Ces différents traités et les négociations qui les
ont précédés ont été imprimés, et ils allaient être soumis à la sanction des Chambres au
moment de la retraite du ministère. On peut bien dire que le canon de Saint-Jean-d'Acre
a porté un coup fatal à la navigation artificielle en France !

En 1841, le ministère dit du 29 octobre ayant répudié le travail de son prédécesseur, ap-
porta à la Chambre, après de nouvelles et nombreuses réunions de la commission instituée
aux finances dès 1838, un projet d'expropriation des canaux particuliers et de rachat des
actions de jouissance. Ce projet, qui souleva de nombreuses objections de la part des parties
intéressées, resta à l'état de rapport.

En 1842, ce même projet fut reproduit en deux portions distinctes. La première, celle
du rachat des actions de jouissance, eut seule les honneurs de la discussion ; mais, adopté
par la Chambre des députés, ce projet vint échouer devant la Chambre des pairs.

Pendant les années 1843 et 1844, diverses négociations à l'amiable furent inutilement
tentées.

Enfin, en 1845, sur le refus de la compagnie des Quatre-Canaux de consentir au maintien
du tarif alors en vigueur, refus annoncé deux ans à l'avance et basé sur le texte formel de
son cahier des charges, le gouvernement promulgua, en date du 23 mars, une ordonnance
qualifiée par le ministre des finances lui-même de *coup d'Etat*, entachée d'illégalité, et, à ce
titre, déférée aux tribunaux.

Dans le même temps, le gouvernement poursuivait devant les Chambres l'obtention de la
loi du 25 mai de ladite année, loi qui détermine la procédure à suivre pour l'expropriation
des voies concédées par l'Etat et destinée, disait-on dans le cours de la discussion, à faciliter
les négociations relatives à l'affermage des canaux.

En effet, à partir de cette époque, des négociations sérieuses à fin d'achèvement, de perfectionnement et d'affermage des canaux, furent reprises et suivies par le ministère des
finances avec MM. Delahante et Bartholony, les premiers promoteurs de cette mesure, pour
la réalisation de laquelle leurs premières propositions datent du 21 mai 1837.

En 1846, une soumission fut déposée en mains de M. le ministre des finances et donna
lieu à une longue négociation qui aboutit à une convention adoptée en 1847 par le suffrage

les tarifs et sur les droits de navigation, une liberté d'action malencontreusement aliénée en 1821 et en 1822, c'est bien le premier acte indispensable et préliminaire à toute réforme sérieuse et efficace.

Le principe du projet de loi ne peut donc soulever d'objections. Mais tel qu'il est, le projet de loi n'est pas la réforme; il la rend possible sans en contenir même le germe; il laisse la porte ouverte aux ajournements et risque de ne conduire qu'à une déception.

---

unanime du cabinet, et qui allait être présentée aux Chambres au moment de la retraite de M. Lacave-Laplagne.

Le 25 novembre 1847, les négociations ayant été reprises par M. Dumon, un projet préparatoire fut passé et fut soumis à une commission composée d'hommes éminents (*) pris dans les deux Chambres, administrateurs, économistes, jurisconsultes, hauts fonctionnaires, indépendants par caractère et par position, et propres à examiner la question sans arrière-pensée, au double point de vue des principes et de l'application, des intérêts du Trésor et de ceux du pays.

En février 1848 (le 19, et à l'unanimité, croyons-nous), cette commission, sur le *rapport de M. Daru, fut de l'avis de recommander l'adoption du projet de bail qui lui était soumis.*

Dès lors la question est demeurée dans l'ombre, sans cependant tomber dans l'oubli. Nous ne parlerons pas des velléités absorbantes du fameux rapport sur l'expropriation et la concentration aux mains de l'État de toutes les voies de communication et des grandes entreprises industrielles, car c'est là une question politique et sociale, et nous ne voulons pas sortir du domaine économique.

En juillet 1848, le gouvernement prit l'initiative pour provoquer entre les extracteurs de houille du bassin de Saint-Etienne et les propriétaires des voies de communication tendant de Saint-Etienne à Paris, une conférence qui eut pour résultat de fixer pour une année, par un concordat amiable, pour les houilles et le coke, un maximum de prix de vente et de droit de péage conforme aux nécessités de la consommation.

En juillet 1849, ce même concordat a été renouvelé, de commun accord, pour une nouvelle année; mais il fut constaté en même temps que, si ce concert amiable fournissait la preuve de leurs bonnes dispositions à concourir à toutes les mesures propres à favoriser la circulation, et réfutait victorieusement les accusations portées à plusieurs reprises, quoique sans fondement, contre les administrations des diverses compagnies, la mesure en elle-même était tout-à-fait insignifiante, sans portée et inefficace, réduite qu'elle était à une seule nature de marchandises et pour le laps d'une année seulement; il fut reconnu, sans contradiction, que pour vivifier la navigation, il était indispensable de reprendre la question en sous-œuvre et dans son ensemble pour réformer le système d'exploitation et de tarification, et pour perfectionner le matériel des voies de manière à permettre et à encourager l'amélioration de la batellerie et des services de transport en leur offrant sécurité, facilité et économie.

A la suite de ces pourparlers, M. le ministre des finances reprit en effet les négociations

(*) MM. le comte d'Argout, Dupin aîné, comte d'Angeville, Muret de Bort, comte Daru, Boulay de la Meurthe, de Boursy, etc.

On peut d'abord et on doit s'étonner que le rachat proposé pour les Quatre-Canaux et pour le canal du Rhône au Rhin n'ait pas été jugé nécessaire pour les canaux de Bourgogne et d'Arles à Bouc, qui sont constitués sur les mêmes bases.

Serait-ce que les résultats de la navigation obtenus sur les canaux de Bourgogne et d'Arles à Bouc présentent le dernier terme de la perfection, et que dès lors ils n'aient rien à demander au progrès?

Cela ne saurait se supposer, et cependant l'exposé des motifs justifie le silence gardé à l'endroit de ces deux entreprises, en disant que l'action gouvernementale n'a rencontré de leur part aucune entrave, tandis qu'on motive l'expropriation des Quatre-Canaux et du Rhône au Rhin sur les difficultés qu'ils ont suscitées au Gouvernement.

D'où il serait permis de conclure, à tort sans doute, que l'intention est d'appliquer, après le rachat, aux Quatre-Canaux et au Canal du Rhône au Rhin, un régime à peu près analogue à celui qui est pratiqué aujourd'hui sur les canaux de Bourgogne et d'Arles à Bouc.

En effet, de deux choses l'une, ou le gouvernement a un plan de réforme radicale et efficace, et alors pourquoi ne pas l'avoir dès longtemps appliqué aux canaux qui n'ont pas gêné son action, ou pourquoi ne pas se procurer simultanément la certitude de pouvoir le réaliser sur tous les canaux de 1821 et 1822? Ou bien le gouvernement veut seulement se débarrasser des Compagnies qui, depuis douze ans, se sont efforcées, non point de le contrarier, mais d'influer, dans la limite de leur droit, sur son action, ou pour mieux dire sur son défaut d'action;

---

suspendues depuis février 1848, et, en juillet dernier, il mit en demeure le signataire des traités de 1847 et de 1848 de s'expliquer sur ses intentions. Le 13 juillet, une nouvelle soumission fut déposée, qui fut renvoyée à l'examen d'une nouvelle commission composée, en majorité, de fonctionnaires publics.

Cette commission, après s'être prononcée en faveur de l'affermage des canaux de l'Etat, présenta à M. le ministre des finances diverses observations sur quelques unes des conditions contenues dans le projet de bail dont l'examen lui était soumis.

Après diverses conférences, la négociation entamée ayant abouti à une contre-proposition de M. le ministre des finances, en date du 19 août, il y fut répondu par une nouvelle soumission modifiée, datée du 1er septembre. Cette nouvelle soumission a donné lieu à un rapport de la direction générale des contributions indirectes et à une nouvelle contre-proposition en date du 26 octobre, au sujet de laquelle, en ce qui concerne un petit nombre de points encore en discussion, une conférence était convoquée au ministère des finances pour les premiers jours de novembre.

C'est dans cet état d'avancement que l'affaire se présente. 2e lettre du 18 novembre 1849.

et alors, nous ne craignons pas de le dire, la mesure sera illusoire et sans résultats; ce serait opérer simplement le rachat de la moitié des produits nets qui appartient aux actions de jouissance, et dépenser sans profit plusieurs millions à ajouter aux 500 millions que représente la construction de 2,000 kilomètres de canaux restés jusqu'à ce jour, en mains du gouvernement, improductifs de revenus et d'utilité.

Le rachat partiel des actions de jouissance ne nous paraît donc pas se présenter dans des circonstances qui le rendent acceptable; et c'est là la première objection que doit soulever, selon nous, le projet de loi soumis à vos délibérations.

Mais en même temps que nous reprochons au projet de loi de ne pas offrir les caractères d'une disposition générale, il n'est pas accompagné des mesures qui, en le complétant, peuvent seules le rendre vraimen profitable au pays; c'est la seconde et la principale objection sur laquelle nous prenons la liberté d'appeler votre attention.

Indépendamment du rachat des actions de jouissance, la réforme de la navigation artificielle doit comprendre trois grandes mesures intimement liées, réagissant l'une sur l'autre et indispensables l'une à l'autre, savoir :

1° La fixation d'un nouveau tarif maximum.

2° L'achèvement et le perfectionnement des canaux;

3° L'organisation d'un nouveau régime d'exploitation.

Pour tout dire, en un mot, les canaux doivent être mis sur le même pied que les chemins de fer, quel que soit du reste le principe dirigeant de leur exploitation; qu'elle s'opère par l'État ou par un fermier, il n'est pas permis de supposer qu'on leur refuse désormais les conditions essentielles de leur existence, les moyens de produire tout leur effet au profit de tous.

En vain dira-t-on : « Il faut d'abord recouvrer par le rachat la liberté d'action, puis on avisera! »

Nous répondrons, au nom des intérêts compromis, qu'il est bien temps de les satisfaire et de les rassurer par un ensemble de mesures qui, en même temps qu'elles montreront une parfaite intelligence de la matière, feront disparaître les inquiétudes fondées et les incertitudes qu'ont fait naître douze années d'ajournements et de tâtonnements. — L'Assemblée nationale voudra-t-elle d'ailleurs se lancer dans une voie de réforme et voter de nouveaux crédits sans en pouvoir calculer la portée et les résultats probables? Et qui pourrait garantir, pour une série de propositions devant se succéder l'une à l'autre, la rapidité et la persistance de l'initiative ministérielle et l'harmonie des vues entre les deux pouvoirs?

En premier lieu, demandera-t-on sans doute au moment de voter les crédits nécessaires pour racheter les tarifs absurdes de 1821 et 1822, quel tarif maximum entend-on leur substituer? Ou plutôt sur quel système ce nouveau maximum sera-t-il basé? Sera-t-il simplement rémunérateur des frais annuels de l'entretien ordinaire, c'est-à-dire quasi-gratuit? Sera-t-il sagement et modérément rémunérateur du coût des actions de jouissance à racheter et des travaux d'achèvement à exécuter? En d'autres termes, la portion du capital immobilisé ou à immobiliser, doit-elle être productive d'utilité et de revenus ou d'utilité seulement?

Tout autant de questions qui intéressent au premier chef le Trésor, l'industrie et les capitaux déjà engagés; elles ne manqueront pas d'exciter vos préoccupations comme devant influer sur la nature et sur les résultats de la solution.

En second lieu, et au-dessus même de la question des tarifs, dont nous n'amoindrissons pas du reste l'importance, il est constant pour tout homme pratique et impartial que l'état d'imperfection matérielle des canaux, le mode actuel de leur exploitation et le défaut d'organisation de la batellerie sont les causes les plus directes de la stagnation et du discrédit dans lesquels sont tombés les transports par eau.

A la vérité, les réclamations portent principalement et en termes généraux contre les droits de navigation; mais c'est une locution vicieuse à l'usage des gens superficiels ou intéressés.

L'élévation des frais de transport, voilà l'obstacle véritable.

Or, les frais de transport se composent des *péages* et du *fret* se combinant avec la *durée* du voyage.

Et dans la plupart des cas et les plus importants (1) (pour le coke,

---

(1) Nous ne citerons pas les canaux de Bretagne, sur lesquels les frais ne sont pas moindres de fr. 0,07 3/4 0/0 tout compris par kilom. et par tonne, et sur lesquels les péages ne pèsent, pour les engrais, par exemple, que pour 1/2 centime faisant ressortir le fret au-dessus de fr. 0,07 c. Nous pourrions citer les frais exorbitants perçus pour le transit sur le canal du Rhône au Rhin et qui font ressortir la voiture de Strasbourg à Bâle par Huningue à fr. 0,14 c. 25 m., le transit étant franc de péage!!!... Mais qu'on interroge les documents entassés dans le

la houille, les engrais, etc.), les péages sont beaucoup moins élevés que le fret, qui se trouve influencé de la manière la plus fâcheuse par les obstacles matériels, par l'irrégularité, les lenteurs et les faux frais que rencontrent les bateaux, d'ailleurs fort imparfaits et dépourvus d'une organisation perfectionnée.

C'est bien là le véritable nœud de la question, et si nos assertions paraissent hasardées ou exagérées, elles appellent hardiment le contrôle le plus sévère.

Quelques mariniers, voulant conserver leur matériel moyen-âge et accaparer au profit de leur routine, et sans avantages pour la marchandise, les sacrifices qu'ils réclament du Trésor pour abaisser les tarifs, peuvent bien contester ce côté vrai et pratique de la question et amoindrir la réforme, croyant la rendre plus facile. Ils réclament contre les péages pour ne pas se réformer eux-mêmes, et les marchandises, sollicitées par les voies de fer et les voies de terre, plus logiquement exploitées, abandonnent les voies d'eau sans approfondir la question et sans réclamer.

Mais, au fond et sérieusement, la question des tarifs, quelqu'important tante qu'elle soit, n'est que secondaire et trouvera d'elle-même sa solution par l'intérêt bien entendu de l'exploitant et sans aucun danger pour le pays, à la seule condition d'un maximum qui, en déterminant le système adopté entre les tarifs sagement rémunérateurs ou non rémunérateurs, rende cependant impossible toute coalition entre les chemins de fer.

L'essentiel est de réduire les frais de transport en achevant et en perfectionnant l'œuvre trop longtemps négligée de la navigation artificielle.

Il faut améliorer les moyens d'alimentation et augmenter le tirant d'eau, supprimer les courants et les passes étroites, faire disparaître les solutions de continuité et les passages en rivière, pour relier entre elles les différentes voies, supprimer ou du moins réduire les chômages ; il

---

dossier ; on verra d'une part la moyenne des péages ne pas dépasser fr. 0,02 c. 13 m. pour les 4 années 1844 à 1847, et fr. 0,04 c. 85 m. pour les 3 années 1847 à 1849, et d'autre part les frais de transport (péages non compris) s'élever très-généralement à 0 fr. 04 c. et même à 0 fr. 04 1/2 c. par kilom. et par tonne, et ne laisser aucun bénéfice aux mariniers.

Or, la solution du problème est d'amener les frais de transport à 2 c. et même à 1 1/2 c. par kilom. et par tonne.

faut, en un mot, exécuter sans retard tous les travaux complémentaires dont l'urgence est constatée et dont la dépense ne sera pas moindre de 40 à 45 millions, ainsi que cela résulte des documents officiels annexés au volumineux dossier de cette interminable affaire; les canaux de Bretagne réclament à eux seuls 12 à 15 millions. L'expérience le prouvera.

Il faut ensuite améliorer, encourager, créer, partout où besoin sera, une batellerie perfectionnée, jeter sur les voies d'eau un personnel et un matériel en bateaux et en chevaux pour l'organisation desquels, après douze ans de mécomptes et de ruine, les capitaux ne se présenteront pas volontiers; il faut faire disparaître le hallage à bras, organiser des services réguliers avec des départs et des arrivages à heure fixe, etc., etc.

Il faut enfin créer une administration centrale, une direction générale, active, intelligente, intéressée au succès, responsable, et qui réunisse les attributions aujourd'hui disséminées entre les départements des finances et des travaux publics.

Telles sont, à notre sens, les conditions essentielles et le caractère distinctif d'une réforme vraiment efficace. La question veut être traitée à un point de vue élevé, mais elle doit surtout l'être dans un ensemble de mesures simultanées; le succès est à ce prix. Il faut frapper un grand coup pour relever, pour tenter du moins, en de bonnes conditions, de relever la navigation intérieure de l'état déplorable où elle se trouve au grand détriment de la fortune publique et particulière. Il peut y avoir controverse sur la portée des mesures à proposer et sur la nature des moyens à adopter pour la réalisation de cette grande œuvre; il ne peut s'en élever de sérieuses sur ses conditions.

Or, tout se lie dans cette question; elle est entière à cette heure, le choix est libre, mais la simultanéité est de rigueur, et un premier pas une fois fait, sans en avoir suffisamment apprécié les conséquences, il pourrait bien arriver que, sans qu'on l'eût voulu, la solution se trouvât compromise et la réforme entravée.

Nous savons fort bien qu'on dit: « Le rachat des actions de jouissance par l'État ne préjuge rien et réserve l'avenir. »

Nous voudrions qu'il en fût ainsi, et que le gouvernement, débarrassé de toute entrave, avisât à trouver et pût trouver en effet la meilleure solution possible, et surtout les moyens et la possibilité de la réaliser.

Mais au fond la question porte sur le mode de l'exploitation bien plus que sur les conditions essentielles de la réforme. Elle se débat entre l'exploitation par l'Etat et l'exploitation par l'industrie privée.

Posée en termes généraux, la question nous paraît tranchée par l'expérience et par les autorités les plus imposantes en faveur de l'industrie privée ; et ce n'est pas ici la place d'une discussion théorique que nous avons et que d'autres plus compétents que nous ont soutenue ailleurs.

Appliquée en particulier aux canaux, elle se trouve, à la vérité, embarrassée par des difficultés d'exécution, et ces difficultés fournissent matière à une argumentation fort spécieuse que nous devons signaler et combattre, car elle risque de conduire, par une série de fins de non-recevoir, à la permanence du *statu quo*.

On n'a garde d'objecter à l'affermage et de se heurter contre les grands principes qui font ressortir l'Etat comme mauvais industriel. On ne conteste pas les arguments de faits puisés dans les résultats que présentent les canaux exploités depuis 1838 par l'État, mais on dit : « Les » actions de jouissance (1) sont une entrave qui ne permet pas de

---

(1) Pauvres actions de jouissance ! Nous commençons par déclarer que nous sommes parfaitement indifférents à leur sort au point de vue financier ; mais nous ne le sommes pas aux accusations fausses et mal fondées. Elles n'étaient pas ainsi maltraitées lorsqu'en 1821 et 1822, grâces aux conditions sur lesquelles elles ont été légalement constituées, elles formaient l'appoint nécessaire pour permettre à l'Etat de négocier un emprunt de 125 millions à 5 1/8, 5 1/10 et 5 45/100 0/0 en regard du cours de la rente perpétuelle, qui ne dépassait guère alors 6 0/0.

Et que s'est-il passé dès lors ? Le déni de justice le plus flagrant en même temps que l'abandon des véritables intérêts du pays d'une part, et de l'autre la défense d'intérêts privés parfaitement légitimes et en harmonie avec les nécessités de la navigation.

Elles auront la parole devant le jury d'expropriation pour faire entendre leurs doléances et leurs récriminations ; elles exposeront comment et pourquoi elles ont résisté à des réductions intempestives de tarifs qui ne pouvaient avoir de compensations, aussi longtemps que l'Etat se refusait à achever l'œuvre de la canalisation ; elles diront que, toujours disposées à coopérer aux mesures propres à développer les transports par eau, jamais, depuis le ministère de M. le comte Jaubert en 1840, il n'a été fait à leur égard aucune tentative sérieuse de rapprochement et de conciliation.

Ce sera une triste histoire à dérouler devant le public, et qui ne tendra pas à relever la considération de l'administration et à ramener la confiance parmi les capitaux.

» discuter librement les conditions de la ferme; il faut les racheter
» d'abord, pour affermer ensuite à de meilleures conditions. »

Qu'on les rachète donc. En fait, sinon en droit, les actions de jouissance, telles qu'elles sont constituées par les lois de 1821 et de 1822,
doivent disparaître; nul ne peut le contester.

Mais sans nous arrêter sur un point qui n'est cependant pas sans
importance à savoir, que dans le système du projet de loi, le rachat
est au présent et l'affermage au futur, ce qui équivaut tout au moins à
un ajournement, ajournement qui pour la navigation artificielle est la
mort, nous voulons admettre que l'Assemblée entre résolument dans
la voie proposée, et qu'avec l'intention bien arrêtée d'affermer, elle or-
donne le rachat préalable en allouant, sous une forme quelconque de
capital, de rente perpétuelle ou d'annuité, les crédits nécessaires.

Aussitôt se présenteront d'une part les intérêts engagés et riverains
qui réclameront des tarifs non rémunérateurs et la navigation gratuite
ou quasi-gratuite.

D'autre part, la nécessité absolue, inévitable, quoi qu'on en dise,
d'achever et de perfectionner les canaux pour les mettre en état de
réduire au minimum possible les frais de transport et la durée des
voyages, c'est-à-dire de présenter au plus haut degré la qualité qui
doit les distinguer, l'économie, qui seule peut leur permettre de prendre
leur rang dans le réseau de nos grandes voies de communication.

De là l'obligation d'ajouter de nouvelles sommes aux sommes dépen-
sées pour le rachat, sous peine de rendre celles-ci tout aussi improduc-
tives que les 500 millions dépensés à ce jour.

« Mais, » va-t-on nous répondre, « le fermier sera chargé de toutes les
» dépenses d'achèvement, de perfectionnement, d'amélioration et d'en-
» tretien, et il importe qu'au préalable le gouvernement soit mis en
» position de pouvoir discuter librement les conditions d'affermage
» pour chaque canal en particulier. »

A cela nous pourrions bien dire : Pourquoi alors ne pas ajouter au
cahier des charges l'obligation et la dépense du rachat? Mais en réalité
nous n'avons absolument rien à objecter en principe à ce système,
pourvu seulement qu'il puisse se réaliser et qu'il se réalise en effet.

Il laisse bien subsister quelques inquiétudes assez sérieuses. Notre
forme de gouvernement et nos mœurs se prêtent-elles bien à ces mesures par longues séries? Après avoir attendu douze ans pour mettre la

main à la réforme de la navigation, n'attendra-t-on pas longtemps
encore pour l'achever après l'avoir entamée? Après avoir voulu l'affermage en 1838, le rachat en 1841, puis l'affermage en 1847 pour
revenir inopinément au rachat en 1850, les décisions de 1851 ne ris-
queront-elles pas d'être revues et cassées, si elles doivent être complé-
tées en 1852 ou plus tard?

Mais nous voulons tenir ces inquiétudes pour mal fondées et ces
craintes pour chimériques. Nous voulons croire que la persistance des
vues et l'harmonie des pouvoirs ne feront pas défaut en ce qui concerne la succession des opérations qui doivent conduire à l'affermage.

Il nous reste des doutes, et des doutes majeurs, que nous ne craignons pas de formuler nettement sur la possibilité de trouver, après le
rachat et à des conditions acceptables, des fermiers pour des fermes
isolées, chargées du prix du rachat et des dépenses d'achèvement, et
même de ces dernières seulement. On aura bien voulu l'affermage, mais
on se heurtera contre des fins de non-recevoir.

C'est là une question de fait; inutile donc de la discuter longuement;
nos doutes n'ont peut-être pas l'autorité suffisante pour mériter une
réfutation. Une enquête aurait pu cependant ne pas être déplacée, et
aurait éclairé le terrain sur lequel il faut agir. Elle aurait prouvé,
nous le tenons pour certain, que pour les canaux de Bourgogne, du
Centre, du Nivernais, Latéral et du Berry, il ne se présentera pas, à des
conditions acceptables, des fermiers sérieux en rivalité l'un avec l'autre
faisant des avances sérieuses, constitués qu'ils seraient sur des bases et
avec des charges évidemment inégales, et exposés à une concurrence sérieuse. Pour les canaux de Bretagne en particulier, nous serions curieux
de savoir où et à quelles conditions on trouverait un fermier. Qu'on
n'oublie pas qu'ils ne peuvent guères être jamais productifs de revenus,
mais seulement d'utilité, et qu'ils demeureront sans emploi, malgré les
60 millions qu'ils ont déjà absorbés, aussi longtemps qu'on n'y aura
pas utilement dépensé encore 12 à 15 millions à la charge du Trésor
public, si, par une combinaison mixte, on ne trouve pas de fermiers (1).

Il ne faut donc pas séparer les faits des principes, et reléguer au
second rang les questions qui doivent dominer l'ensemble. Il faut

---

(1) Qu'on lise à ce sujet la délibération, riche en faits, du Conseil général du Morbihan
dans sa dernière session de 1850.

surtout apprécier à l'avance les conséquences des divers systèmes.

Veut-on entrer dans le système d'une navigation quasi-gratuite? assimiler les canaux à nos grandes routes, en leur demandant seulement leurs frais d'entretien annuel ?

L'affermage se trouve naturellement écarté. C'est une dépense de 50 à 60 millions, avec absence de revenus directs et chance de dépenses annuelles. Mais un tarif permanent, analogue à ceux temporairement appliqués aujourd'hui sur le canal de Saint-Quentin et le canal du Rhône au Rhin, de Strasbourg à Mulhouse, peut faire espérer des produits indirects et d'utilité.

Dans les termes ci-dessus, exécutée par l'Etat, l'opération serait grandiose; reste à savoir si elle est possible. A coup sûr elle serait injuste pour les chemins de fer et pour les contrées privées de canaux ou placées sous un autre régime, et présenterait un emploi peu judicieux de la fortune publique.

Préfère-t-on le système des tarifs sagement rémunérateurs, c'est-à-dire combinés de manière à donner le plus grand revenu par le plus fort tonnage possible ?

L'affermage devient dès lors possible; et comme nous raisonnons dans l'hypothèse que telle est en effet l'arrière-pensée du gouvernement, nous ne parlerons pas même de l'exploitation par l'Etat, en mains de qui les péages seraient forcément et graduellement ramenés dans le cadre de tarifs non rémunérateurs.

Ce système comporte et exige, d'une part, que le tarif légal soit combiné de manière à permettre une rémunération modérée et proportionnée au capital engagé, et à empêcher toute coalition fâcheuse; d'autre part, et avant tout comme condition *sine quâ non*, que les voies soient achevées et perfectionnées et que l'exploitation soit centralisée.

Deux routes se présentent pour le réaliser :

L'opération peut se commencer par l'État pour aboutir à l'affermage par une succession de mesures législatives.

Ou bien elle peut s'exécuter en entier et au moyen d'une seule votation, par l'industrie privée.

L'un et l'autre de ces deux modes de procéder, pouvant se combiner avec les fermes isolées ou avec la ferme unique, mais devant présenter un ensemble qui permette d'en apprécier la réalité, les charges et les résultats.

L'un et l'autre admettant la participation effective du Trésor, soit comme débours, soit comme garantie d'intérêt d'une part, soit comme prix de ferme ou partage de produits d'autre part.

Le degré de cette participation influera nécessairement sur les conditions, et c'est dans un juste équilibre entre ces deux termes de la question que se trouve la solution finale la plus avantageuse. Pour découvrir cet équilibre, il faut pouvoir comparer ce que peut et doit accorder et exiger l'État avec ce que le fermier peut et doit consentir et réclamer.

Nous avons déjà énoncé l'opinion qu'en fait le système des fermes isolées rencontrera de graves difficultés d'exécution si on lui demande l'apport d'un capital considérable, et qu'il présentera peu de garanties si on se contente d'un simple entrepreneur d'entretien et de perception, sans apport de capitaux. Mais c'est là, très-sincèrement, notre seule objection, objection de fait et non de principes. Qu'on produise la preuve que nos doutes sont mal fondés, qu'on produise un cahier de charges acceptable et accepté, et nous applaudirons, et nous serons les premiers et les plus ardents à proclamer avec conviction que la cause de la réforme est gagnée.

A défaut de l'étude approfondie que nous ne pouvons pas faire de ce côté de la question, il n'est pas hors de propos de dire quelques mots du système de la ferme unique, qui n'a jamais été, que nous sachions, conduit à ses derniers termes et nettement exposé dans ses véritables conditions.

On a soulevé à ce sujet une polémique de personnalités passionnées. Pour notre part, nous continuerons à rester étrangers à cette manière de discuter, si facile quand on prête à ceux qu'on veut attaquer des intentions qui laissent percer celles dont on est animé soi-même, si peu concluante quand il s'agit d'affaires.

Comme preuve que les soumissions qui ont été déposées étaient faites à un point de vue élevé de dévouement au bien public, nous pourrions dire qu'elles ont été, dès 1845, en 1847 comme en 1848, et tout spécialement en 1849, expressément et directement provoquées par l'initiative ministérielle. Il fallait un certain courage et la conviction d'accomplir une œuvre grande et utile pour engager sérieusement en 1849, comme cela a été offert, son nom, sa fortune et son repos dans une entreprise aussi ardue que celle de réparer les funestes effets de 12 années d'incurie.

*

Le silence gardé à l'occasion de ces attaques suffirait d'ailleurs à démontrer, s'il en était besoin, que les propositions avaient pour but d'offrir et de faciliter une solution et non de solliciter une concession.

Quoi qu'il en soit au reste du mobile, arrêtons-nous seulement aux conditions, pour les apprécier au point de vue du Trésor et de l'intérêt général.

A vrai dire, il n'y a pas de soumissions ; la dernière, qui fut déposée au ministère des finances le 1er septembre 1849 , n'était valable que jusqu'au 31 décembre dernier. Il y fut riposté par une contre-proposition rédigée sur le préavis favorable de la commission consultative des canaux, et sur le rapport de M. le secrétaire général des finances et de M. le directeur général des contributions, et communiquée le 23 octobre avec convocation pour en conférer le 1er novembre 1849.

Dès lors, et depuis l'installation du ministère du 31 octobre, il n'a pas même été question d'entrer en matière. Il n'est donc pas permis de prononcer sur le mérite de cette négociation, qui n'a pas été conduite à ses derniers termes.

Les propositions du 1er septembre reposaient en substance sur les bases suivantes.

Le principe de la ferme unique , la faculté du rachat, le nouveau tarif maximum proposé par l'Etat et les garanties réclamées en faveur des tiers n'étant pas contestées, le fermier demandait une garantie de 6 0/0 sur les débours qu'il s'engageait à faire sous les ordres de l'Etat pour travaux d'achèvement et de perfectionnement , et jusqu'à concurrence de la somme de 40 millions, moitié en dix ans et l'autre moitié dans les dix années subséquentes, se chargeant du rachat des actions de jouissance et de leur annulation au profit, mais sans garantie de la part de l'Etat. Il demandait en retour la jouissance de la totalité des produits nets pendant vingt ans et de la moitié seulement pendant quarante ans.

La contre-proposition du 23 octobre 1849 ne portait la garantie de l'Etat qu'à 5 1/2 0/0, et n'allouait que douze années pour la dépense des 40 millions et douze années pour la jouissance intégrale avant le partage qui aurait lieu pendant les quarante-huit années suivantes, aucune des autres conditions n'ayant soulevé d'objections.

C'est entre ces deux termes, résultat de quatre mois de négociations, que se trouvait alors le point de conciliation possible entre les exigences de l'Etat et les nécessités du fermier.

Moyennant une charge bien éventuelle, bien peu probable et qui dans aucun cas ne pouvait dépasser fr. 2,200,000 fr. à 2,400,000, l'Etat pouvait assurer la liquidation amiable des malheureux contrats de 1821 et 1822, et l'achèvement des travaux auxquels il est légalement et moralement tenu, et cela dans un délai que l'intérêt du fermier devait réduire en deçà du terme qui aurait été définitivement fixé. Il organisait l'exploitation de 2,000 kilom. de canaux dans un système qui présentait pour garantie un débours de 60 millions et des conditions très-sévèrement rédigées. Il conservait d'ailleurs, à l'expiration de la période d'achèvement, avec la faculté de rachat, le droit qu'il possède aujourd'hui au partage des produits nets.

Cette longue négociation, renouvelée à plusieurs reprises et notamment depuis 1847, a fourni matière à de nombreux rapports de commissions parlementaires et extra-parlementaires, dont les conclusions ont toujours été favorables, et elle présentera, à défaut d'autres, l'avantage d'éclairer la question dans un de ses côtés pratiques, et de permettre d'apprécier comparativement les solutions qui lui seront aussi clairement et aussi nettement opposées.

Le système de la ferme unique, nous l'avons déjà dit, en le motivant au point de vue de l'intérêt général, est à nos yeux la seule solution vraiment efficace; et en développant dans nos lettres (1) du 18 novembre 1849 et 25 juin 1850 les avantages qui nous paraissaient en résulter pour le Trésor, pour l'industrie et pour les capitaux privés, nous avons déjà relevé les principales objections qui lui sont adressées, et nous pensons avoir fait justice des banalités mises en avant sous les grands mots de monopole, de coalition, d'agiotage, etc., etc. Il pourrait se glisser des abus dans l'affermage comme ailleurs ; mais les intérêts des tiers peuvent être convenablement garantis, et bien mal venu serait celui qui objecterait aux précautions que doit prendre l'Etat dans ce but.

En résumé, l'affermage n'est qu'un moyen d'accomplir la réforme proposée ; il mérite d'être apprécié tel qu'il pouvait se réaliser présentant un ensemble complet; mais il n'est pas le seul; seulement il faut choisir entre les divers moyens :

1º Adoptera-t-on le système de la navigation quasi-gratuite, avec des

---

(1) Deuxième et troisième lettre à M. le Ministre des finances sur l'urgence et les moyens d'apporter une réforme dans l'exploitation des canaux de l'État.

tarifs rémunérateurs seulement des frais annuels de l'entretien ordinaire?

Nous ne savons. Au point de vue étroit de notre intérêt particulier, nous n'avons à combattre ce système que par la crainte de le voir échouer devant la discussion, comme en 1842, ou devant l'insuffisance des allocations!

2° Préférera-t-on imposer à l'Etat le rachat des actions de jouissance et l'achèvement des travaux, et lui laisser l'exploitation avec un tarif maximum plus ou moins rémunérateur?

Nous ne savons pas non plus. Au point de vue du Trésor et de la navigation, les résultats pourront bien ne pas répondre aux sacrifices consentis.

3° Après avoir racheté et achevé, l'Etat affermera-t-il?

Nous ne savons pas davantage. C'est un système qui devrait satisfaire pleinement et entièrement à tous les besoins de la navigation, si on veut sérieusement et si on peut réellement le réaliser dans son entier, sans être arrêté par les nécessités du Trésor et par les exigences des fermiers.

4° L'État enfin fera-t-il appel à l'industrie privée pour libérer les canaux et les achever à sa décharge, et pour les exploiter à des conditions de tarifs et d'administration débattues dans un bail à ferme?

Nous ne savons pas. A notre sens, l'avenir de la navigation artificielle est tout entier dans ce système.

A cet égard, notre conviction est entière, profonde, inébranlable; nous l'avons hautement manifestée et longuement motivée dans de nombreuses conférences et dans nos précédents écrits. Nous l'avons prouvée par notre coopération aux offres qui, sur sa propre demande, ont été faites au gouvernement en 1847, en 1848 et 1849.

Qu'il nous soit permis d'ajouter que cette conviction, partagée par les hommes les plus compétents, MM. Lacave-Laplagne, Dumon, Jayr et Passy, et adoptée, après de longues délibérations, à l'unanimité par la grande commission de 1848 (1), et à la majorité par la commission consultative de 1849, est étrangère, dans notre esprit, à toute hostilité

---

(1) Rapport fait le 19 février 1848 par M. le comte Daru, au nom de cette commission, imprimé à 50 exemplaires seulement. (Imprimerie nationale, 1848.)

étroite et systématique contre toute autre solution qui serait jugée meilleure ou seulement plus praticable.

Peu nous importent les moyens, pourvu qu'une réforme réelle, sérieuse et efficace, vienne enfin satisfaire aux justes réclamations de l'industrie à laquelle nous nous sommes voués.

Nous rappellerons cependant les paroles par lesquelles se termine le beau rapport de la grande commission des canaux au sujet de l'affermage général :

« Nous approuvons quant à nous le principe sur lequel repose le
» projet de ferme qui nous est soumis. Les stipulations du bail nous
» paraissent sagement protectrices de l'intérêt public. Nous vous deman-
» dons d'approuver le projet présenté. Si vous le repoussez soit dans son
» principe, soit dans quelques dispositions essentielles, nous vous de-
» mandons d'y substituer quelque chose, en un mot de prendre un parti.
» Vous connaissez la situation ; vous ne voudrez pas laisser plus long
» temps en suspens une question qui attend depuis plus de dix ans
» (aujourd'hui près de treize ans) une solution devenue urgente. Vous
» formulerez un système ; quel qu'il soit, il sera de beaucoup préférable
» à la continuation de l'état actuel des choses. »

En résumé, la question que nous prenons la liberté de soulever est importante. Il s'agit de 500 millions dépensés par le pays, et de plusieurs dizaines de millions dépensés par l'industrie privée, qui ne produisent ni revenus ni utilité, et qu'il faut vivifier au profit de tous par une réforme intelligente.

Tel qu'il est conçu, le projet de loi, isolé des mesures qui peuvent lui donner une signification et une portée industrielles, n'aboutirait qu'à une opération de Bourse, et l'exposé des motifs se terminant par cette déclaration d'ajournement : « *Soit que le gouvernement finisse (! ! !) par affermer, soit qu'il conserve l'exploitation,* » laisse subsister toutes les incertitudes et tous les vices qui résultent de l'état actuel des canaux, des tarifs et du régime de leur exploitation.

Vous ne permettrez pas, Messieurs, que cette question demeure à perpétuité fatalement enfermée dans un cercle vicieux, ballottée et rejetée d'un système à l'autre pour périr dans le *statu quo*. Après douze années d'ajournements et de tentatives infructueuses, vous ne voudrez pas qu'elle reste indéfiniment exposée à ne rencontrer dans l'avenir, comme dans le passé, qu'une succession de fins de non-recevoir. En ordonnant la résiliation des contrats de 1821 et 1822, vous leur substituerez un système complet et profitable au pays, et vous atteindrez ainsi le but qu'un gouvernement intelligent des besoins de l'époque doit se proposer, et dont la réalisation peut et doit ouvrir une ère de progrès et d'améliorations dans les conditions du travail et de l'alimentation publique. Tout au moins, vous introduirez dans la loi de rachat un article additionnel imposant au gouvernement l'obligation de soumettre à l'Assemblée législative, dans un délai déterminé, le mode de tarification, d'achèvement et d'exploitation des canaux rentrés en possession de l'État; de telle sorte que si la question du mode futur d'exploitation reste entière en effet, le gouvernement soit obligé par la loi de rachat elle-même de le résoudre à bref délai. Pour ne pas avoir été l'objet des préoccupations populaires et de la sollicitude gouvernementale, les heureux résultats d'un bon régime d'exploitation de nos voies navigables n'en sont pas moins compris et appréciés par de grandes masses qui trouvent peu à peu des causes de désaffection dans la voie des ajournements indéfinis.

La solution la meilleure, si possible; mais avant tout et par dessus tout une solution! tels sont les vœux que respectueusement nous prenons la liberté de vous soumettre.

Roanne, 1er décembre 1850.

Auguste BARDE,

Président du Conseil d'administration du canal de Roanne à Digoin.

IMPRIMERIE CENTRALE DE NAPOLÉON CHAIX ET Cᵉ, RUE BERGÈRE, 20.